Wir besuchen das Christkind

Ein Weihnachtsmärchen für unsere Kleinen

Wir besuchen das Christkind

Ein Weihnachtsmärchen
für unsere Kleinen

In Versen und Bildern erzählt
von Ernst Fay

Titania Verlag

Ach, was ist denn hier passiert?
Püppchen ja den Arm verliert,
und der Teddy hat im Kopf
gar ein Loch, der arme Tropf!

Klaus und Bärbel, diese zwei,
steh'n mit Trauer jetzt dabei,
denn sie haben's nicht gewollt,
als sie durch den Raum getollt.

*J*a, was machen wir denn jetzt? ∼
„Weißt du was", sagt Klaus zuletzt,
„wir fahren beide, pass' mal auf,
zum lieben Christkind schnell hinauf."

Und im Auto, wie ihr seht,
Klaus sie in den Himmel fährt,
und der gute Sausewind
zeigt den Weg und hilft geschwind.

Sie kommen vor das Himmelstor,
wo der Petrus guckt hervor
und sie fragt nach dem Begehr.
„Hm", sagt er, „so kommt mal her!"

Und es dauert gar nicht lang,
macht im Schloss der Schlüssel „Klang",
und es öffnet sich die Tür
für das Auto und die vier.

9

Kinder, was gibt's da zu seh'n!
Tausend Sterne, strahlend schön.
Und viel' fleißge Engelein
putzen all die Sterne rein.

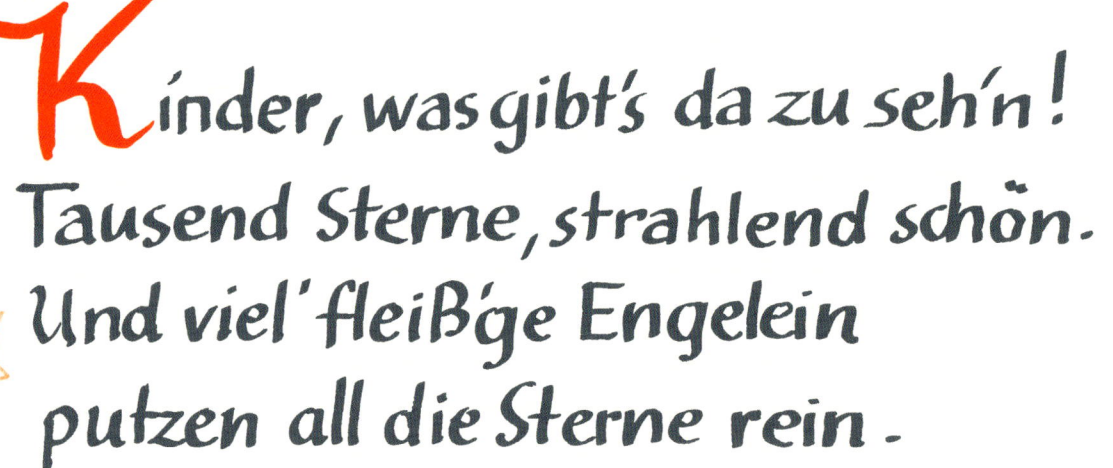

Doch der Klaus hat keine Zeit,
weil das arme Bärlein schreit,
fährt die Himmelsstraß' entlang
in des Autos schnellstem Gang.

Zur Puppenklinik geht die Fahrt,
wo das Christkind ihrer harrt
und das Püppchen und den Bär
eins, zwei, drei stellt wieder her.

Klaus und Bärbel freu'n sich sehr,
haben keine Sorgen mehr,
schauen jetzt in aller Ruh'
den Englein bei der Arbeit zu.

13

Hier werden Kleidchen anprobiert,
dort ein Püppchen schön frisiert,
hier schneidern Englein mit der Scher',
dort geht die Nadel hin und her.

Hier kriegt ein Püppchen neues Haar,
dort einen neuen Kopf sogar.
Klaus und Bärbel geben acht,
wie man sowas richtig macht. ~

Dann nimmt das Christkind alle zwei
mit zur Weihnachtsbäckerei.
Klaus und Bärbel seh'n sich an:
„Dass man so viel backen kann!"

Von dem guten Zuckerwerk
essen beide einen Berg,
bis sie rundherum sind satt,
und kein Stückchen Platz mehr hat.

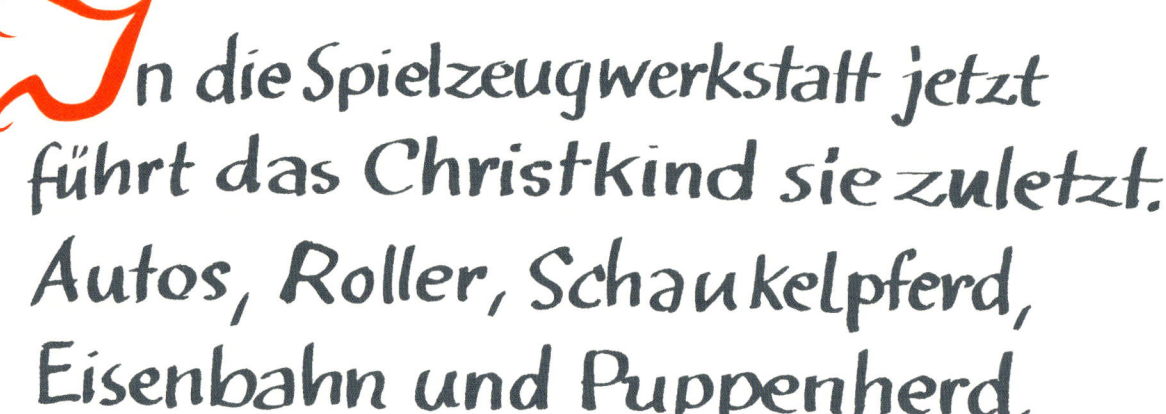

In die Spielzeugwerkstatt jetzt
führt das Christkind sie zuletzt.
Autos, Roller, Schaukelpferd,
Eisenbahn und Puppenherd,

Spielzeug aus der ganzen Welt
wird hier wiederhergestellt.
„Einen Wunsch, den habt ihr frei",
sagt das Christkind zu den zwei'n.

19

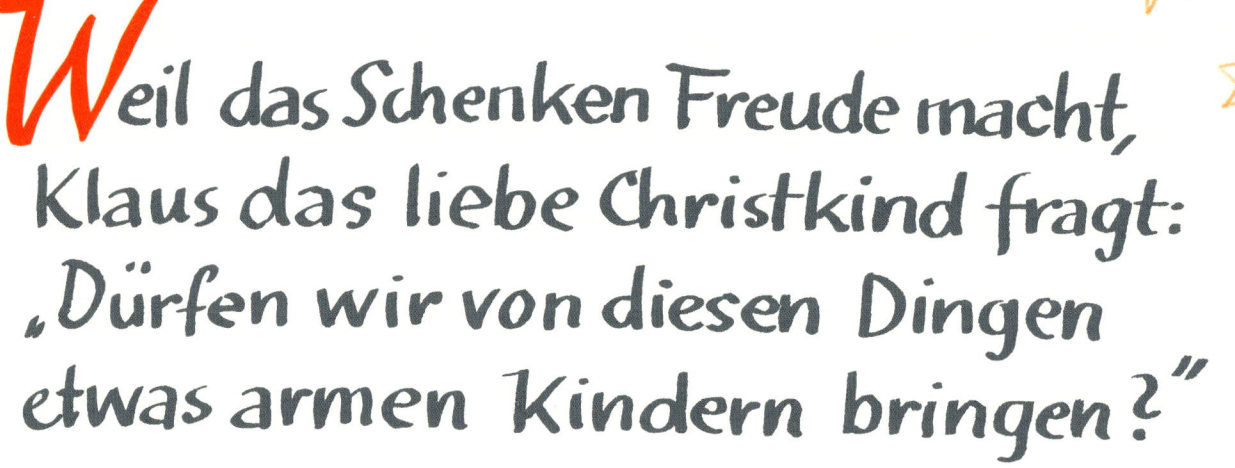

Weil das Schenken Freude macht,
Klaus das liebe Christkind fragt:
„Dürfen wir von diesen Dingen
etwas armen Kindern bringen?"

Und das Christkind freut sich sehr,
ruft die Englein zu sich her,
füllt das Auto bis zum Rand,
reicht zum Abschied lieb die Hand.

21

Und so fahren sie nach Haus,
fahren dort straßein, straßaus,
schenken alle Sachen her,
bis auf's Püppchen und den Bär.

Und daheim in ihrem Bett
träumen Püppchen und der Tedd'
und die Bärbel und der Klaus,
dass nun die Geschichte aus.

© 2020 Titania Verlag GmbH
Industriestraße 19
64407 Fränkisch-Crumbach 2020
www.titania-verlag.de

Illustrationen, Text und Kalligrafie:
Ernst Fay
Layout und Umschlaggestaltung:
design cat GmbH

ISBN 978-3-86472-415-2